📖 주제

• 학교 생활　• 규칙　• 공동체

📖 활용 학년 및 교과 연계

초등 과정	1-1 통합	봄1 > 1. 학교에 가면
	1-2 국어	7. 무엇이 중요할까요
	2-2 국어	1. 장면을 떠올리며
	3학년 도덕	1. 나와 너, 우리 함께

학교 가기 싫은 민수의 가출

초등 첫 인문철학왕

학교 가기 싫은 민수의 가출

초판 1쇄 발행 2023년 3월 30일

글쓴이 이안 | 그린이 배민경 | 해설 지혜인
기획편집 이정희 | 편집 이상미 박주원
디자인 문지현 | 생각 실험 디자인 김윤현

펴낸이 이경민 | 펴낸곳 ㈜동아엠앤비
출판등록 2014년 3월 28일(제25100-2014-000025호)
주소 (03972) 서울특별시 마포구 월드컵북로22길 21, 2층
전화 (편집) 02-392-6901 (마케팅) 02-392-6900 | 팩스 02-392-6902
홈페이지 www.moongchibooks.com | 전자우편 damnb0401@naver.com | SNS 🅵 🅾 🅱

ISBN 979-11-6363-624-3(74100)

※ 잘못된 책은 구입한 곳에서 바꿔 드립니다.
※ 이 책에 실린 사진은 셔터스톡, 위키피디아, 게티이미지뱅크(코리아)에서 제공받았습니다. 그 밖의 제공처는 별도 표기했습니다.

도서출판 뭉치는 ㈜동아엠앤비의 어린이 출판 브랜드로, 아이들의 지식을 단단하게 만들어 주고, 아이들의 창의력과 사고력을 키워 주어 우리 자녀들이 융합형 사고뭉치와 창의뭉치로 성장할 수 있도록 좋은 책을 만들겠습니다.

학교

한국
철학교육
학회
추천도서

학교 가기 싫은
민수의 가출

글쓴이 이안 그린이 배민경
해설 한국 철학교육연구원 지혜인

내 맘대로
학교를 안 다녀도
될까?

'질문'의 힘! '생각'의 힘!
'미래 인재'로 가는 힘!

어린이와 학부모님들께 《초등 첫 인문철학왕》을 추천할 수 있어서 매우 기쁩니다. 어린이들이 이 시리즈를 통해 '나'에 대해, 나와 공동체 사이의 소통에 대해, 세상의 이치와 진리에 대해 마음껏 질문하고 생각하기를 바라기 때문입니다. 그렇게 되면 창의적으로 문제를 해결하는 힘 또한 커질 수 있다고 믿기 때문이지요.

'제4차 산업혁명의 시대'라는 말처럼 우리는 모든 것이 혁신적으로 변화하는 시대에 살고 있습니다. 스마트폰, 인공 지능, 첨단 로봇 등 새로운 기술과 지식이 나오는 속도도 이전과 비교할 수 없을 정도로 빨라졌지요. 세상에 넘쳐나는 지식과 정보는 이제 누구나 쉽게 구할 수 있고, 개인의 두뇌에 담아낼 수 있는 용량을 넘어선 지 오래입니다. 결국 이 시대의 아이들에게 필요한 것은 지식보다는 그 지식을 다루는 지혜와 창의성 아닐까요?

7차 교육과정 개정 이후 학교 교육도 이러한 시대 흐름에 맞추어 미래 사회가 요구하는 인문학적 상상력과 과학기술 창조력을 두루 갖춘 창의융합형 인재를 양성하는 것을 목표로 합니다.

'철학'은 '지혜를 사랑하는'이란 뜻을 가진 말입니다. 이 학문은 여러분처럼 모든 것에 호기심 많았던 철학자들로부터 시작됩니다. 아주 오래전부터 인간, 사회, 자연, 우주, 진리 등 다양한 분야에서 다른 사람들보다 더 깊이, 더 많이, 그리고 아주 끈질기게 했던 수많은 질문과 탐구를 하며 만들어졌습니다.

마치 높은 곳에 올라가면 마을 전체를 내려다볼 수 있는 넓은 시야를 얻게 되듯이, 철학을 한다는 것은 하나의 문제를 더 큰 눈으로 볼 수 있게 되는 것이랍니다. 그러면 어떤 점이 좋을까요? 더 넓게 보는 눈, 더 깊이 있게 보는 눈, 다른 사람들이 생각하지 못한 부분들을 상상하고 찾아낼 수 있는 눈이 생깁니다. 또 우리 앞의 문제들을 자신만의 창의적인 방법으로 해결할 수도 있고, 그 문제를 해결하다가 다른 더 큰 문제를 발견하여 미리 처리할 수도 있습니다.

　《초등 첫 인문철학왕》은 바로 그러한 생각의 눈을 아주 활짝 열어 줄 것입니다. 주제와 관련된 재미있는 동화, 이와 연결된 깊이 있는 인문 해설과 철학 특강, 창의·탐구 활동 등으로 구성된 시리즈는 아이들이 세상에 넘쳐 나는 지식을 지혜롭게 다루는 힘을 길러서, 문제해결력을 갖춘 창의적 인재로 성장할 수 있게 해 줄 것입니다.

　그러니 이 책을 읽으며 여러 분야에서 떠오르는 호기심과 질문들을 혼자만 가지고 있지 말고 친구, 가족과도 나누어 보시길 바랍니다. 모두가 질문하고 생각하는 힘이 생긴다면, 어려운 문제들을 함께 해결해 나가는 공동체를 만들 수 있겠지요?

　이 책을 읽는 여러분들 모두, 그런 멋진 공동체를 하나둘 만들어 나가는 지혜로운 미래 인재가 되기를 기대합니다.

이지애 드림
(이화여대 철학과 부교수, 한국 철학교육 학회 회장)

초등 첫 인문철학왕
이렇게 활용하세요!

생각 실험

생각 실험은 어떤 사실을 알기 위해 여러 가지 실험과 사례를 연구하는 것이에요. 철학이나 자연 과학 분야 등에서 널리 사용되는 방법이에요. 권마다 주제에 관련된 실험, 유명한 인물의 사례 등을 읽으며 상상력과 문제 해결력을 키워 보세요.

만화 & 동화

인문 철학 주제별로 아이들의 생활 세계 속 이야기, 패러디 동화 등이 다양하게 펼쳐져요. 처음과 중간은 만화, 본문은 그림 동화로 되어 있어서, 재미난 이야기에 푹 빠질 수 있어요.

인문철학왕되기

오랫동안 어린이들과 함께 철학 수업을 연구하고 진행해 온 한국 철학교육연구원 소속 교수와 연구진들이 집필했어요.

소쌤의 철학 특강, 인문 특강, 창의 특강으로 구성되었어요. 주제와 이야기 안에 숨겨진 철학적 문제들에 대해 함께 답을 찾아갈 수 있도록 깊이 있는 토론과 특강, 그리고 재미있는 활동으로 구성되었어요.

난 질문하는 **소크라테스**! 문제를 해결할 수 있도록 도와주지!

난 **뭉치**. 같이 생각하고 토론하지!

난 늘 창의적인 **새롬**이!

난 생각이 깊은 **지혜**!

교과 연계

각 권마다 최신 개정 교과서 단원과 연계되어 교과 학습에 도움이 되도록 구성되었어요. 권별로 확인하세요.

이 책의 차례

추천사 ····· 4

구성과 활용 ····· 6

생각 실험 학교는 꼭 다녀야 할까요? ····· 10

만화 학교 싫어! ····· 20

학교는 비호감이야! ····· 22
- 인문철학왕되기1 　학교란 무엇일까?
- 소쌤의 인문 특강 　옛날 학교 모습

민수 가출 사건 ····· 40
- 인문철학왕되기2 　학교에서 무엇을 배울까?
- 소쌤의 창의 특강 　경쟁과 협동을 배우는 학교

| 만화 | 학교에 가면? ………………………………………… 58

내 맘대로 시간표 ………………………………………… 64
- 인문철학왕되기3 학교를 안 다니면 어떨까?
- 소쌤의 창의 특강 학교를 다니지 못한 안데르센

다시 학교로! ………………………………………… 82
- 인문철학왕되기4 만일 나라면?
- 창의활동 내가 다니고 싶은 학교

학교는 꼭 다녀야 할까요?

2005년 미국 아이비리그 명문대인 스탠포드 대학교 졸업식 연단에 스티브 잡스가 올라왔어요. 그는 대학을 졸업하고 사회로 나가려는 젊은이들을 향해 이야기를 시작했어요.

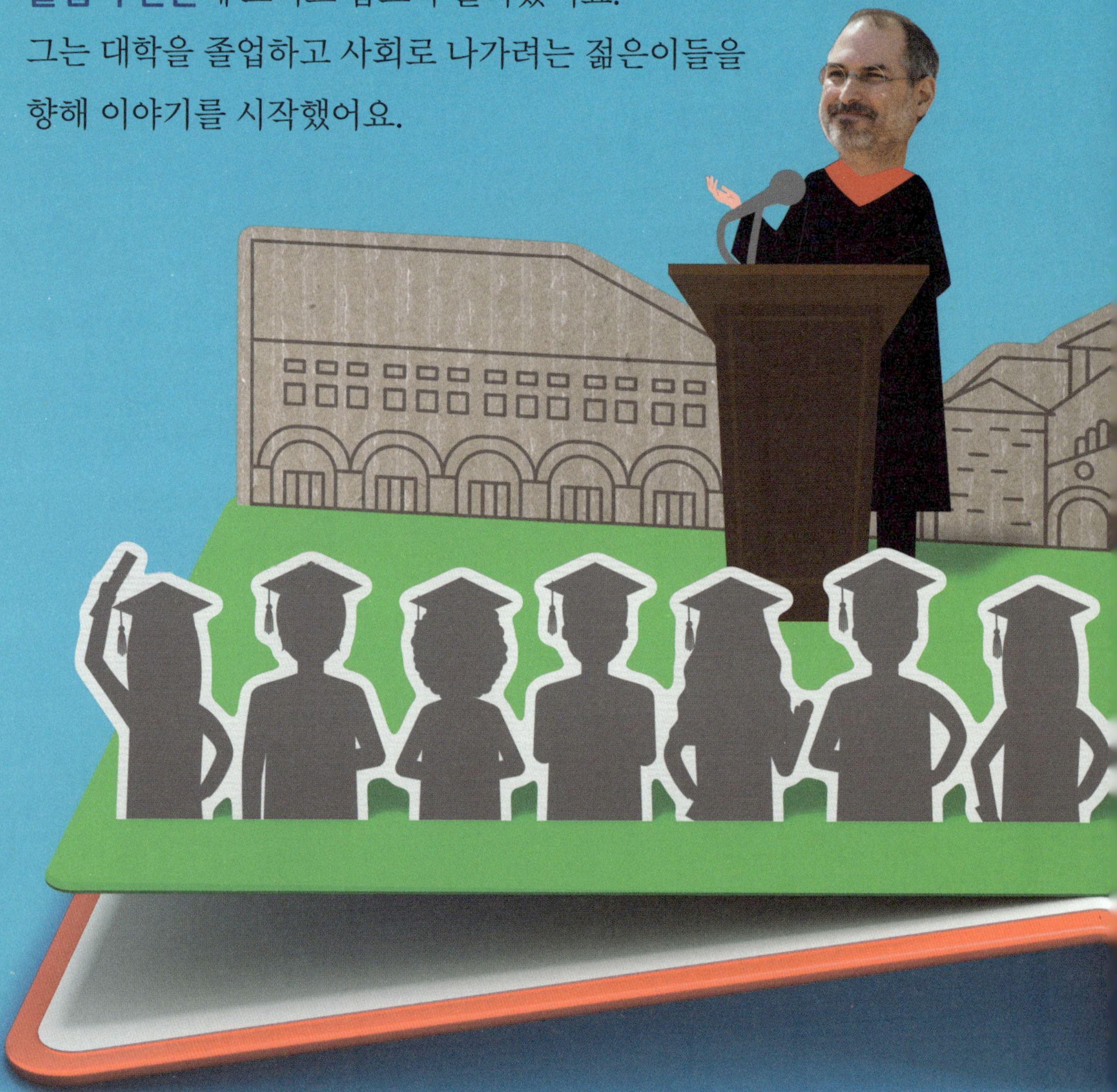

> 여러분, 저는 대학을 졸업하지 못했습니다.
> 대학교 졸업식을 이렇게 가까이서 본 것도 처음입니다.
> 저를 낳아 준 엄마는 어린 미혼모였고, 저를 입양보내기로 결정했습니다.
> 엄마는 저를 반드시 대학에 보내겠다는 양부모님의 약속을 받고
> 입양 서류에 사인을 했어요.

스티브 잡스는 컴퓨터 회사인 애플을 설립하고, 아이폰을 만든 사람이에요.

❝ 평범한 노동자였던 양부모는 그동안 저축해서 모은 돈 대부분을 제 대학 등록금으로 썼지요. 학비가 그만큼 비쌌거든요. **6개월이 지난 뒤, 저는 학교에서 어떤 가치도 찾을 수 없었습니다.** 제가 무엇을 하고 싶은지, 대학이 어떤 도움을 줄지도 알 수 없었어요. 그런데 제 부모님이 평생 모은 돈을 학비로 쓰고 있었던 거죠.

저는 **대학을 그만두기로 마음먹었습니다.**
그 뒤 무척 두려운 시간을 보냈습니다.
기숙사에 머물 수 없어 친구 집에서 잤어요.
끼니를 해결하기 위해 5센트씩 하는 콜라병을 모아 팔았어요.
매주 일요일에는 사원에서 나누어 주는 음식을 먹기 위해
11킬로미터도 넘는 길을 걷고는 했지요. ,,

돌이켜보면, 그 때 그 결정은 지금까지 제가 한 결정 중에 가장 탁월한 것이었습니다.
저는 자퇴생이었기에 흥미없는 공부는 할 필요가 없었고,
제가 좋아하는 서체 강의를 교수님께 부탁드려 청강해서 들을 수 있었어요.
저는 그 강의에서 각기 다른 문자의 조합과 여백에 대해 배웠고,
훌륭한 활자체를 만드는 법에 대해 배웠어요.

> 애플은 기존 서체를 현대적 감각에 맞게 변형하고 다듬어서 제품, 패키지, 광고 캠페인 등에 사용했어요.

 Apple macintosh

당시에는 이 모든 것이 제 삶에
실제로 도움이 될 거라고 생각하지 못했습니다.
하지만 10년 뒤, 제가 매킨토시를 디자인할 때,
그 모든 것은 빛을 발했어요.
만약 그때 서체 강의를 듣지 못했다면 **아름다운 서체를 가진
매킨토시를 만들지 못했을 거예요.** "

'매킨토시 128K' (1984)는
애플의 첫 번째 개인용 컴퓨터예요.
매킨토시는 본체와 모니터를 하나로
만들어 크기와 무게를 줄였고,
손잡이를 만들어 이동을 쉽게 했어요.

스티브 잡스는 아이폰, 아이패드, 애플 워치, 에어팟 등
애플에서 많은 것을 만들었어요.
그가 만든 것들은 세상을 변화시켰지요.

스티브 잡스는 **여러분이 지금 잇는 점들이 미래 어느 시점에 하나로 연결될 것**이라고 했습니다.

스티브 잡스가 세상을 떠난 다음 날,
애플 매장 유리벽에 사람들이
추모의 글을 써 붙였어요.

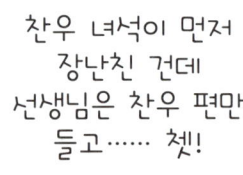

학교는 비호감이야!

이상해요. 민수는 학교에만 오면 짜증이 나요.

수업 시간은 따분하고 지루해요. 친구들도 짜증나고요.

"학교는 너무 재미없어!"

오늘은 선생님이 사회 과제를 내주셨어요. 이번 과제는 모둠 과제인데, 선생님은 모둠을 정해 주며 말했어요.

"친구들과 함께 주제를 정하고 토론을 하도록 해요. 각자 생각을 조리 있게 주장하며 의견을 나눠 보는 거예요. 그 토론 내용을 정리해서 제출하면 된답니다."

토론이라면 어려울 게 없지요. 민수네 학교는 특히 토론 수업을 많이 하거든요. 그런데 주제를 정하는 게 문제이지 뭐예요.

"얘들아, 우리 모둠은 주제를 뭐로 정할까?"

민수의 말에 모둠 친구들은 너도나도 의견을 내놓았어요.

"난 핸드폰 벌점에 대해 불만이 많아. 수업 중에 핸드폰 쓰다 걸리면 벌점 받잖아. 그것에 대해 얘기해 보는 건 어때?"

"그것보다 우리 반 회장 정하는 방법을 주제로 토론해 보는 게 더 재미있지 않을까?"

"난 정말 싫은 게 있어. 쉬는 시간에 떠든 사람 이름 적게 하는 거! 복도에서 뛴 아이 이름 적게 하는 거! 그런 거 안 하면 좋겠어. 그 주제로 얘기해 보자."

"난 이름 적는 거 좋은데. 그래야 애들이 안 떠들어서 교실이 조용할 거 아냐. 난 핸드폰 벌점이 더 흥미로운걸."

이게 좋네, 저게 좋네, 하며 의견이 제각각이다 보니 아이들은 벌써 한 시간째 옥신각신만 하고 있었어요.

'아무거나 빨리 정하면 될 걸 왜 이렇게 야단법석이람.'

"언제까지 이럴 거야? 빨리 아무거나 정하고……."

그때예요. 교실 뒤에 모여 있던 찬영이네 모둠에서 커다란 소리가 들려왔어요.

"이건 어때? 인공 지능 로봇과 인간! 과연 누가 더 똑똑한가?"

찬영이의 목소리였어요. 아이들은 민수 말은 듣는 둥 마는 둥

교실 뒤를 향해 일제히 고개를 돌렸지요.

'인공 지능 로봇'이란 말에 모두 호기심이 생긴 거지요.

어쩌면 찬영이 말이라서 모두 흥미를 가지는 건지도 몰라요. 찬영이는 반에서 가장 인기가 많은 친구거든요. 찬영이는 운동도 잘하고 키도 커요. 리더십도 뛰어나서 회장을 맡고 있지요.

"답이 뻔한 거 아냐? 인공 지능 로봇이 더 똑똑하지. 아무리 유명한 박사도 인공 지능 로봇과 지식 대결하면 이길 수 없을걸?"

　찬영이 옆에 서 있던 친구 말에 찬영이는 웃으며 말했어요.
　"그냥 대결만 한다면 물론 그렇지. 인공 지능 로봇은 엄청나게 똑똑하니까. 하지만 그런 로봇을 만든 건 인간이잖아. 그러니까 어떤 관점에서 보는가에 따라 의견이 다를 수 있지 않을까?"
　또랑또랑한 목소리에 논리적인 말솜씨! 찬영이네 모둠 아이들은 박수를 쳤어요.
　"와! 그러네."
　"그 주제로 하자. 정말 재밌겠다."
　찬영이네 모둠을 지켜보던 민수네 모둠 아이들도 모두 감탄을 했어요.

"찬영이는 어떻게 저런 재미난 생각을 할까?"

"찬영이는 정말 창의적이고 똑똑해."

순간 민수의 입술이 삐죽삐죽 일그러졌어요.

'쳇! 똑똑하긴 뭐가 똑똑해? 지난번에 과학 글짓기 대회에선 내가 최우수상 받았거든. 찬영이는 우수상이었다고.'

민수는 기분이 착 가라앉아 버렸어요.

며칠 전에 열린 수학 골든벨 대회에서는 찬영이가 최우수상을 받았거든요. 회장 선거 때에도 찬영이가 민수보다 5표를 더 받아서 회장이 되었고요.

찬영이와 민수는 매번 1등 자리를 놓고 경쟁하는 라이벌이지요.

이대로 가다가는 모둠 과제도 찬영이네 모둠이 1등을 할 것 같지 뭐예요.

'안 돼. 이번에는 꼭 우리 모둠이 이겨야 해.'

민수는 입술을 깨물며 다짐했지요. 하지만 모둠 주제 하나를 정하지 못해 한 시간이나 티격태격하면서 어떻게 1등을 할 수 있을까요?

민수의 마음이 급해졌어요. 민수는 결심한 듯 모둠 친구들을 향해 말했어요.

"얘들아, 이번 모둠 숙제는 내가 알아서 다 해 올게. 너희들, 내가 숙제도 잘하고 정리도 잘하는 거 알지? 내가 인터넷으로 가장 멋진 주제를 찾아서 정해 볼게. 토론 내용도 멋지게 정리할 수 있어. 어때? 좋지?"

혼자 빨리 정리하면 시간도 절약되고 갈등도 없을 테니까요.

그런데 이게 웬일이에요. '웬 횡재냐.'며 좋아할 줄 알았던 친구들이 안 된다며 반대를 하지 뭐예요. 특히 민수의 짝인 송이는 고개를 절레절레 저었어요.

"모둠 과제는 힘을 합쳐 하는 거야. 서로 의견을 나눠서 더 좋은 결과를 내는 거라고. 우리 의견도 모르면서 토론 내용을 네가 혼자 정리한다는 게 말이 되니?"

송이는 또랑또랑한 목소리로 민수를 쏘아붙였지요.

민수도 만만치 않았어요.

"이게 힘을 합치는 거야? 한 시간 넘게 싸움만 하고 있잖아."

"싸움이 아니라 의견을 나누는 거잖아. 이런 과정을 통해 상대방 의견도 알게 되고 다양한 생각도 나누게 되는 거지. 안 그래?"

민수는 저도 몰래 마른침을 꼴깍 삼키며 중얼거리고 말았어요.

"뭐, 그럼…… 말든가."

송이의 똑 부러지는 목소리와 당찬 눈빛에 괜스레 기가 죽고 만 거예요.

마침 찬영이가 교실을 나가며 소리쳤어요.

"얘들아, 우리는 먼저 갈게. 너희도 좋은 주제 정해서 잘해 봐."

손을 흔들며 나가는 찬영이의 눈빛은 마치 민수에게 이렇게 말하는 것 같았어요.

'꼴좋다! 그래 봐야 넌 날 이길 수 없어.'

민수 얼굴은 홍당무가 되었어요.

'찬영이는 정말 싫어!'

민수는 찬영이만 싫은 게 아니었어요. 송이도 비호감 친구예요. 짝이라 나란히 앉지만 절대 친해지고 싶지 않은 친구예요. 두꺼운 안경을 쓴 송이는 책을 손에 들고 다니면서 이상한 소리만 했지요.

"민수야, 너 혹시 소똥 안 좋아하니? 난 소똥을 아주 좋아하거든. 아프리카에선 소똥으로 집을 짓는대. 태워서 연료로도 쓰고 말야. 똥이 그렇게 쓸모가 많다니, 정말 재밌지?"

"윽! 더러워! 제발 소똥 소리 좀 하지 마."

민수는 송이가 매일 해 대는 소똥 타령과 이상한 소리에 울렁증

이 생길 정도지 뭐예요.

오늘 아침엔 송이가 긴 병을 들고 와서는 이러는 거예요.

"이게 뭔지 알아? 방귀병이야."

"뭐? 방귀? 여기에 방귀가 들었단 거야?"

"응. 방귀 마려울 때마다 여기에 뀌어서 모은 거야. 기대해. 이건 인류에 아주 큰 도움이 될 병이라고."

민수는 기겁을 하고 말았지요.

"악! 저리 치워! 냄새나고 더러워!"

민수는 송이의 방귀병을 생각하면 점심 급식 시간에도 속이 울렁거렸어요.

그래도 민수는 가장 먼저 급식실로 달려갔지요.

'오늘은 맛있는 메뉴가 나오겠지? 자장면일까? 스파게티?'

오늘은 일주일 중에 하루, 특별식이 나오는 날이거든요. 민수가 좋아하는 분식이나 중식 등 맛있는 메뉴를 기대할 수 있어요.

민수는 특별식 날만 기다려요. 평소엔 가장 싫어하는 콩밥, 잡곡밥을 먹어야 해요. 나물 반찬이나 김치도 먹어야 하고요.

급식 메뉴를 맘대로 정할 수는 없을까요? 먹기 싫은 걸 왜 참고 먹어야 할까요? 차라리 각자 좋아하는 음식을 배달시켜 먹으면 좋을 텐데 말이에요.

그러다 보니 민수는 특별식을 먹는 날만 기다리게 된 거지요.

"오늘은 떡볶이가 나왔으면 좋겠다. 히히!"

그런데 급식실 메뉴판을 본 민수는 얼굴이 굳고 말았어요.

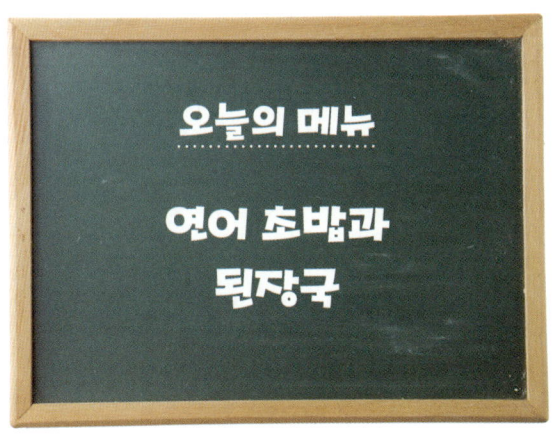

초밥은 민수가 싫어하는 음식이에요. 민수는 비릿한 냄새를 싫어해서 생선을 아주 싫어하거든요. 게다가 늘 먹는 된장국이라니!

그 때문에 민수는 오늘도 급식을 먹는 둥 마는 둥 했답니다. 정말 기대한 특별식 날인데 말이에요.

생각처럼 되지 않는 모둠 회의, 보기 싫은 찬영이의 잘난 척에 이상한 짝꿍 송이, 게다가 맛없는 급식까지. 학교는 정말 마음에 드는 게 하나도 없지 뭐예요.

"힝! 학교는 정말 비호감이야. 왜 학교에 다녀야 하는 거지? 안 다녀도 되는 거 아냐?"

민수는 볼이 퉁퉁, 입이 댓 발 튀어나왔어요.

학교란 무엇일까?

우리는 태어나서 특정 나이가 되면 대부분 학교에 들어가요. 우리는 왜 어린 시절부터 어른이 되기 전까지 학교를 다니는 걸까요?

너희들 학교가 무엇이라고 생각하니?

학교는 살아가는 데 필요한 모든 것을 배우는 곳 아닐까요?

다만 학교는 꼭 공부가 아니라 다른 것도 배우는 것 같아요.

난 그렇게 생각 안 하는데요. 학교에서 배운 거 어른이 되면 잊어버리지 않나요?

우리는 학교에서 공부 말고 또 어떤 것을 배울까?

양보도 배우는 것 같아요.

오, 정말 그런 거 같구나.

협동도 배우고요.

소쌤의 인문 특강

옛날 학교 모습

옛날에도 학교가 있었어. 옛날 우리나라와 다른 나라에는 학교가 어떤 모습이었는지 알아볼까?

김홍도 <서당>

옛날 조선 시대에는 서당이라는 곳에서 훈장님이 아이들을 가르쳤어. 아이들을 모아 가르치는 서당은 조선 시대에 처음 시작된 게 아니란다. 더 먼 옛날인 삼국 시대, 고구려에서 우리나라 최초의 학교라 할 수 있는 '태학'을 설립했고, 이외에 지방 곳곳에 설립된 '경당'이라는 교육 기관도 있었지.

얀 스테인 <마을학교>(1670)
자료: 스코틀랜드 국립 미술관

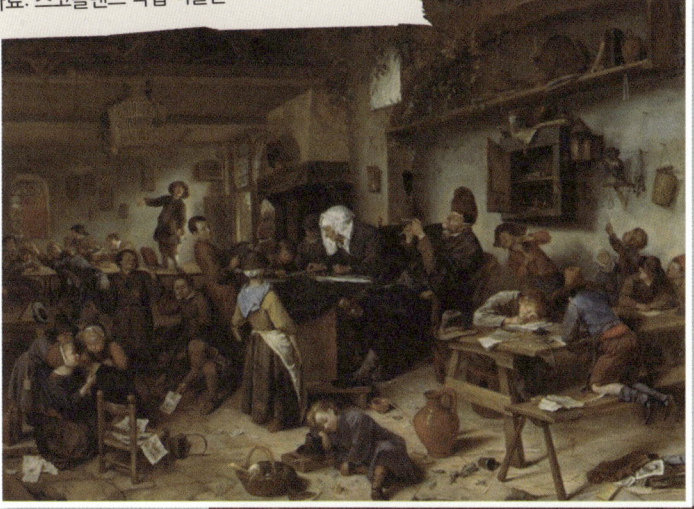

서양에서는 성당이나 교회에서 아이들을 모아 가르쳤어. 선생님은 매우 엄격했지. 옛날 우리나라 서당처럼 아이들 나이도 서로 달랐어.

아드리안 반 오스타데 <학교 선생>(1662)
자료: 루브르 박물관

 ## 민수 가출 사건

띠리링! 딩딩딩! 댕댕!

알람 소리가 요란하게 울렸어요.

"윽! 벌써 학교 갈 시간이야?"

매일 아침 들어야 하는 지겨운 알람 소리! 민수는 오늘도 짜증이 났어요.

"민수야, 어서 일어나. 학교 가야지."

엄마의 고함 소리도 요란하게 들려왔어요.

"졸려! 좀 만 더 잘게."

"안 돼. 그럼 지각해. 어서 일어나."

엄마는 이불을 홱 잡아당겼어요. 차가운 기운에 온몸이 오싹했지요.

민수도 이불을 붙잡고 늘어졌어요.

"더 잘래!"

"안 돼! 어서 일어나. 어서!"

깨우려는 엄마와 더 자려는 민수의 실랑이가 시작된 거예요.

사실 실랑이에서 민수가 이긴 적은 한 번도 없어요. 버텨 봤자 늘 엄마의 잔소리만 듣다가 학교에 가야 했으니까요.

오늘은 정말 일어나기 싫지 뭐예요. 엄마 손에 이끌려 거실로 질질 끌려나오던 민수는 꽥 고함을 질러 버렸어요.

"나 학교 안 갈래!"

"또 그 소리! 지겹지도 않니?"

엄마는 늘 하는 소리라는 듯 무시했어요.

민수는 다시 한 번 고함쳤지요.
"엄마, 이번엔 진짜야. 나 결심했어. 오늘부터 학교 안 다닐래."
엄마는 콧방귀를 팽 뀌었지요.
"학교 안 가면 뭐 할 건데? 공부도 안 하고 매일 놀기만 하겠단 거야? 말도 안 되는 소리 그만하고 어서 일어나서 밥이나 먹어."
엄마는 잔소리만 다다다 퍼부어댔어요.
민수의 폭탄선언을 매일 하는 투정 정도로 생각한 거예요.

"공부는 인터넷 강의 들으면 되잖아. 인터넷 강사들이 공부는 더 잘 가르쳐 준단 말야."

엄마는 듣는 둥 마는 둥이었어요.

"쓸 데 없는 소리 그만하고 학교에나 가!"

매일 가는 등굣길도 오늘따라 더 지루했어요. 매일 보는 가게, 늘 마주치는 길 고양이, 변함없는 학교 정문……

"으으, 재미없어."

이제 정문으로 들어가면 지겨운 수업을 받아야 해요. 이미 다 배워서 하나도 재미없는 수업을 말이에요. 민수는 이미 지난 겨울 방학에 학원에서 선행 학습을 했거든요. 선행 학습으로 다 알고 있는 걸 수업 시간에 또 듣다 보면 하품만 나온답니다.

교실로 들어선 민수는 자꾸 한숨이 나왔어요.

'오늘은 또 얼마나 지루할까?'

안 좋은 예감이 딱 들어맞았어요.

송이가 또 똥 타령을 시작했거든요.

"민수야, 소똥만 신기한 게 아니었어. 낙타 똥도 불에 태워서 연료로 쓸 수 있대. 신기하지? 아프리카에선……."

쫑알쫑알, 아침부터 늘어지는 송이의 똥 타령에 민수는 머리가 지끈거릴 지경이었어요. 게다가 저만치 보이는 찬영이는 오늘도 여자아이 서넛에게 빙글 둘러싸여 있지 뭐예요.

"찬영아, 넌 어쩜 축구도 잘 하니?"

"너, 농구도 잘 한다며? 찬영이는 정말 못 하는 게 없다니까. 진짜 멋져."

지켜보던 민수는 저도 몰래 입술을 실룩거렸어요.

'쳇! 찬영이가 뭐 인기 아이돌이야? 저러다가 팬클럽도 생기겠네.'

수업 시간 내내 민수는 입술만 삐죽거렸어요. 그렇잖아도 지겨운 수업이 더 지루하기만 했어요.

딩동댕! 종이 울리며 수업이 끝났어요. 웅성웅성, 교실이 금세 시끄러워졌지요.

민수는 벌떡 자리에서 일어났어요.

'정민이랑 수다나 떨다가 와야지.'

옆 반 정민이는 유치원 때부터 단짝 친구예요. 유일하게 마음이 통하는 친구지요.

민수는 냉큼 교실을 빠져나왔어요. 쉬는 시간 동안이라도 정민이랑 수다를 떨면 기분이 좋아질 것 같았거든요.

민수네 반은 2층 첫 교실인데, 정민이네 반은 마지막 교실이에요. 쉬는 시간 동안 다녀오려면 서둘러야 해요.

"좀 있으면 쉬는 시간이 다 끝날 텐데······."

마음이 급하니 오늘따라 교실 복도가 더욱 길게 느껴졌어요.

민수는 정민이네 교실을 향해 냅다 뛰기 시작했지요.

천둥 같은 불호령 소리가 들려온 건 그때예요.

"누가 복도에서 뛰는 거지?"

뒤를 돌아본 민수는 깜짝 놀랐어요.

교장 선생님이 강아지 불독처럼 인상을 쓰고 서 있었거든요.

'윽! 어떡해?'

"복도에서 뛰면 안 된다는 규칙도 모르나? 1학년 신입생도 아는 규칙을 어기면 어떡해?"

교장 선생님의 말씀에 민수는 얼굴이 붉어졌지요.

"잘못했어요. 다신 안 그럴게요."

민수는 홍당무가 된 얼굴을 푹 숙이고 말았지요.

복도를 지나가는 아이들이 킥킥 웃는 소리가 들려왔어요. 민수의 얼굴이 더욱 붉어졌지요.

'아이 창피해.'

딩동댕! 마침 수업 시작종이 울렸어요.

아이들이 우르르 교실로 들어가고, 교장 선생님도 교무실로 갔어요. 하지만 민수는 교실로 들어갈 수 없었어요.

'교실에선 애들이 내 흉을 보고 있겠지?'

속상하고 창피해서 친구들 볼 자신이 없었어요.

'싫어! 학교는 정말 싫어!'

민수는 고개를 세게 흔들며 진저리를 쳤어요. 민수의 발걸음은 교실 대신 교문으로 향했어요.

"학교를 나갈 거야. 공부는 나 혼자서도 얼마든지 할 수 있어. 그걸 엄마한테 보여 주면 되는 거잖아."

민수는 입술을 잘근 깨물며 주먹을 불끈 쥐었지요.

"그래! 결심했어."

민수는 발걸음을 재촉했어요. 교문을 지키는 아저씨의 눈을 피해 민수는 교문을 잽싸게 빠져나왔어요. 그러고는 학교와는 정반대 방향으로 내달리기 시작했지요.

"이제 학교는 안 다닐 거야!"

민수가 교실로 돌아오지 않자 교실은 난리가 났어요.
"송이야, 민수가 어디 갔는지 몰라?"
"몰라요. 아까 종 치자마자 복도로 나갔는데……."
선생님도 송이도 걱정스런 표정이었지요.
찬영이도 걱정스레 말했어요.
"아까 민수가 교장 선생님께 꾸중을 들었어요. 그 뒤로 안 보여요."
"안 되겠다. 너희들은 자습을 하고 있어. 선생님은 교무실에 가서 좀 알아봐야겠어."
담임 선생님은 당장 교무실로 내려갔고, 민수가 사라졌단 걸 교장 선생님께도 알렸지요. 교장 선생님은 당황한 표정으로 말했어요.
"집으로 갔을 수도 있으니까 민수네 집에 전화를 해보세요. 전 다른 선생님들과 학교 구석구석을 찾아볼게요."
선생님은 다급히 민수 엄마에게 전화를 했지요. 민수는 집에도 오지 않았다지 뭐예요. 전화기 속으로 놀란 민수 엄마의 목소리가 울렸어요.
"선생님, 어떡해요? 우리 민수가 대체 어디로 간 걸까요?"

"어머니, 진정하세요. 저희가 더 찾아보고 다시 연락드릴게요."
수화기를 내려놓는 담임 선생님의 손이 파르르 떨렸어요.
"민수야, 대체 어디 있는 거니?"
그 시간 민수는 이모네 집에서 늘어지게 자고 있었어요. 학교에서 30분만 걸어가면 되는 이모네 오피스텔로 향했던 거예요.
학교에 안 갔다고 하면 엄마는 화를 낼 게 뻔해요. 고민 끝에 민수는 이모네로 가기로 한 거지요.
'이모는 나를 잘 이해해 줄 거야. 내 편이 되어 줄 거야.'
혼자 사는 이모는 늘 민수 편이에요. 그래서 오피스텔 비밀번호도 알려 주며 말하곤 했지요.
"민수야, 이모 보고 싶을 땐 언제든 놀러 와."
마침 이모는 외출 중이었어요. 덕분에 조용한 오피스텔에서 민수는 부족한 아침잠을 쿨쿨 잘 수 있었지요.
얼마나 잤을까. 도어락 누르는 소리와 함께 이모가 들어왔어요. 민수를 본 이모는 몹시 당황했지요.
"어머! 민수야, 너 여기 있었어? 너희 엄마는 너 사라졌다고 울고불고 난리인데. 그래서 나도 옷 갈아입고 너 찾으러 가려고 온

거야."

"엄마가 운다고?"

민수도 당혹스러웠어요. 하지만 한 번은 겪어야 할 일이란 생각이 들었지요. 그래서 이모에게 사정 이야기를 모두 했어요.

　민수의 말을 들은 이모는 한숨을 내쉬었어요. 그러더니 차분한 목소리로 말했지요.

　"그래. 알겠어. 그렇게 싫으면 어쩔 수 없지. 학교 가기 싫으면 가지 마. 엄마한테는 이모가 잘 말해 줄게. 있고 싶은 만큼 이모네 집에 있으면서 더 생각해 보자."

　예상대로 이모는 민수 편이 돼 주었지요.

　이모는 다급히 핸드폰을 집어 들었어요.

　"민수야, 일단 엄마한테 전화부터 하자. 엄마가 너무 놀란 거 같거든."

　이모는 저만치 떨어진 곳으로 가서는 엄마에게 전화를 했어요.

　"그래. 그래. 알았어. 내가 잘 데리고 있을게."

　이모의 반응을 보니 엄마도 승낙을 한 게 틀림없어요.

　민수는 신이 나서 소리쳤어요.

　"와! 이제 학교 안 간다! 학교 끝!"

학교에서 무엇을 배울까?

학교에 가면 친구들도 만나고
꼭 알아야 할 것과
재미있는 것들을 배워요.
책으로 배우는 것 말고
또 배우는 게 있을까요?

 민수는 학교 급식이 맘에 안 들어서 잘 안 먹잖아? 너는 그런 적 없어?

 나는 나물 반찬은 싫고 고기반찬은 좋은데 다 먹어야 한다고 해서 급식이 싫어.

 급식을 먹는 건 학교에서 배우는 거에 속할까, 아닐까? 그냥 먹기 위해 하는 걸까?

 급식을 친구들에게 나누어 주는 일 하는 것도 힘들어.

 설마 급식도 배우는 거예요?

모두 먹고 싶은 것만 먹는다면, 자기 것만 챙겨 먹는다면 어떻게 될까? 건강에 불균형이 오고, 이기적인 마음이 자라지 않을까? 학교 급식은 그래서 교육 급식이란다. 싫은 것도 먹어 보고 친구들에게 나누어 주는 일도 해 보면서 많은 것을 느끼고 배우게 되는 거지.

경쟁과 협동을 배우는 학교

학교는 함께 배우는 곳이야. 함께는 한 명 한 명이 모여 서로 같이, 더불어라는 뜻이지. 도달하고자 하는 목표가 같은 사람들이 그 목표를 먼저 달성하기 위해 서로 겨루는 걸 경쟁이라고 하는데, 함께 배우는 과정에서 우리는 힘을 모으기도 하고 서로 경쟁을 하기도 해.

릴레이 경주를 위해 준비 자세를 하는 아이들

체육 시간에 달리기 시합을 하거나 수학 시간에 퀴즈 대결을 한다면, 그것이 바로 경쟁이지. 항상 경쟁만 해야 한다면 학교에 다니는 것이 무척 힘들 거야. 누군가는 경쟁에서 이기게 되겠지만, 다른 사람들은 경쟁에서 질 수도 있으니까.

우리는 학교에서 협동을 배우기도 해. 학교에 다니다 보면 모둠을 만들어서 어떤 과제에 대해 함께 고민하는 시간을 갖게 되는데, 이것이 바로 협동이야. 목표를 향해 가는 과정에서 다른 사람과 함께 힘을 합치면 매우 어려운 과제를 조금 더 쉽고 즐겁게 해결할 수 있게 된단다.

Q. 함께 힘을 모아 어떤 일을 해냈을 때 어떤 마음이 드나요?

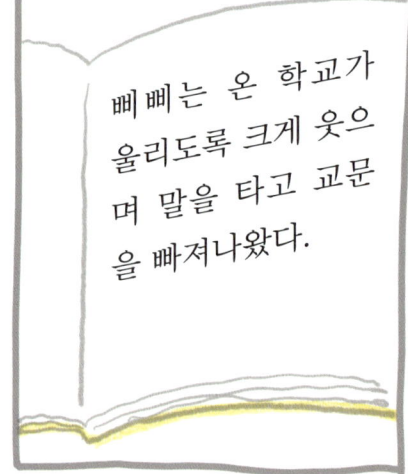

내 맘대로 시간표

학교를 가지 않게 된 첫 날! 민수는 룰루랄라 신이 났지요.

늦잠도 실컷 자고, 밥 먹는 시간도 내 맘대로!

이모가 준 용돈으로 먹고 싶은 자장면과 스파게티도 배달시켜 먹었어요.

수업은 인터넷 강의를 찾아서 들었어요. 수준에 맞춘 수업이라 그런지 학교 수업 시간보다 훨씬 재밌었지요.

"역시! 내 선택이 옳았어."

민수는 맘대로 시간표도 짰어요.

내 멋대로 짜는 내 맘대로 시간표지요.

"아침엔 10시에 일어나면 돼. 인터넷 강의도 한두 시간만 들으면 되지 뭐. 자는 시간은 내 맘대로야. 히히!"

둘째 날도 맘대로 시간표에 맞춰 신나는 하루를 보냈어요.

"이렇게 내 맘대로 하니까 정말 재미있다."

그런데 삼일 째가 되자 기분이 좀 이상해졌어요.

인터넷 강의를 듣고 실력 테스트를 한 뒤였어요.

"와! 100점이다!"

실력 테스트에서 만점을 맞은 거예요. 그런데 자랑할 곳이 없지 뭐예요. 학교에서라면 '너 대단하다.' '민수, 좋겠다.' 하며 부러워해 주는 친구들이 많았을 텐데 말이에요. 선생님도 폭풍 칭찬을 해 주셨겠죠? 하지만 혼자 본 테스트는 기쁨도 혼자서 즐겨야 하지 뭐예요. 100점을 맞고도 기분이 밍밍했어요. 마치 싱거운 국을 먹은 것처럼 말이에요.

라이벌인 찬영에게 자랑할 수도 없으니 흥도 안 나고 더 잘 해야겠다는 의욕도 생기지 않았어요.

'주장하기'를 공부하다가도 의욕이 뚝 떨어져 버렸지요. 자신의 주장을 멋지게 썼지만 들어줄 사람도 없으니까요. 학교에선 반대 주장을 하는 아이들이 밉기만 했는데, 오늘은 그 아이들 생각이 슬금슬금 났어요.

"송이라면 뭐라고 주장했을까? 분명 엉뚱한 소리를 해서 교실이

웃음바다가 되었겠지?"

혼자 듣는 강의라 그런지 수업도 금세 지루하게 느껴졌어요.

"오늘은 이상하게 강의가 재미없네. 좀 쉬었다가 할까?"

민수는 책상에서 일어났어요.

마침 이모가 하다가 던져 놓은 줄넘기 줄이 보였어요.

"줄넘기나 해야지."

민수는 줄넘기 줄을 챙겨서 밖으로 나왔지요.

"어디서 하면 좋을까?"

줄넘기 할 곳을 찾아 주변을 살피며 걸었어요.

그런데 걷다 보니 자신도 몰래 학교 근처까지 와 버렸지 뭐예요. 교문을 본 민수는 화들짝 놀랐어요.

"앗! 내가 왜 여길 온 거야? 어서 돌아가자."

마침 학교 수업이 끝날 시간이었어요. 멀리로 아이들이 우르르 몰려나오는 모습이 보였어요. 잽싸게 교문을 빠져나온 아이들 몇이서 재잘재잘 수다를 떨며 민수 곁을 지나쳐 갔어요.

아이들 모습이 오늘따라 유난히 신나 보였어요.

민수는 모둠 친구들이 생각났지요.

'사회 모둠 과제는 잘 하고 있을까?'

그 시간, 송이는 찬영이와 나란히 교실을 나오고 있었어요.

민수의 빈 책상을 돌아보며 송이가 걱정스레 말했어요.

"민수가 학교에 안 나온 지 3일이나 됐어. 잘 지내고 있을까?"

찬영이도 걱정스런 목소리였지요.

"글쎄? 선생님께서 민수는 집에 무슨 일이 있어서 얼마 동안 학교에 못 올 거라고 하셨잖아. 아무래도 바로 학교에 올 거 같진 않아. 대체 무슨 일일까?"

"그러게? 근데 이렇게 오래 학교에 안 오면 수업은 어떻게 해?"

"인터넷으로 공부하겠지. 요즘에는 찾아서 볼 수 있는 온라인 수업이 많잖아."

"그래도 학교에서 친구들 만나서 함께 하는 수업하고 다르지 않을까? 난 혼자서 보니까 엄청 지루하던데."

"그러게?"

찬영이도 걱정스런 표정을 지었어요.

"내가 더 잘해 줄걸. 후회돼."

송이 말에 찬영이도 후회가 되는 듯 나지막이 말했어요.

"나도 후회가 돼. 지난 번에 수학 골든벨 대회에서 내가 1등 했다고 민수한테 막 자랑했거든. 그때 민수는 기분 엄청 안 좋았을 텐데. 내 생각만 했어."

송이와 찬영이는 합창하듯 같은 말을 중얼거렸어요.

"어서 민수가 돌아왔으면 좋겠어."

송이는 문득 핸드폰을 꺼냈어요.

"민수한테 문자 보내야겠어. 모둠 소식을 알려 주면 좋잖아."

송이는 잽싸게 손가락을 놀려댔지요.

띠링! 민수 핸드폰이 울렸어요. 송이 문자였지요.

문자를 확인한 민수는 퉁한 목소리로 중얼거렸어요.

"학교도 안 갈 건데 이런 건 봐서 뭐해?"

그러면서도 자꾸 눈길이 동영상으로 향했지요.

"에잇! 모르겠다."

고민하던 민수는 동영상 버튼을 눌러 버렸어요. 영상에서 '잘못한 사람의 이름을 칠판에 적는 걸 어떻게 할까?'라는 주제로 열심히 토론을 하는 모둠 친구들 모습이 보였어요. 영상을 보던 민수는 주춤했어요. 아이들이 이렇게 다양한 의견을 내놓을 줄 몰랐거든요.

'잘못한 사람의 이름을 칠판에 적는 것에 대해 어떻게 생각해?'

"송이가 이런 생각을 한다고?"

민수는 문득 토론 속에 끼어들고 싶단 생각마저 들었지요. 민수는 계속 영상을 보며 걸어갔어요. 한참 영상에 빠졌을 때였어요.

"야, 꼬마! 거기 서!"

커다란 고함 소리가 들려왔어요.

"너 돈 좀 있니?"

뒤를 돌아본 민수는 화들짝 놀랐어요.

커브 길로 접어드는 으슥한 골목길, 그곳에서 덩치가 큰 형들 몇이 민수 앞을 턱 가로막은 거예요. 돈을 내놓지 않으면 당장 주먹이라도 휘두를 기세였어요.

당황한 민수는 부들부들 떨었지요.

"어, 없어요."

"뭐? 돈이 없어? 어디 좀 보자."

형들이 민수의 옷 주머니를 막 뒤적였어요.

아무것도 나오질 않자 형들은 핸드폰을 노려봤어요.

"돈이 없으면 그 핸드폰이라도 내놔."

"아, 안 돼요. 이건 안 돼요."

민수는 핸드폰을 뒤로 숨겼어요. 하지만 거친 형들 손을 피하기에는 힘이 약했어요. 민수는 핸드폰을 빼앗기지 않으려고 애를 썼지요.

어디에선가 날카로운 소리가 들려온 건 바로 그때예요.

"그러지 마세요! 걔 우리 반 친구거든요!"

소리가 나는 쪽을 돌아본 민수의 두 눈이 휘둥그레졌어요. 송이와 찬영이가 두 눈을 부릅뜬 채 형들을 노려보고 있었거든요.

집으로 가던 송이와 찬영이가 민수의 목소리를 듣고 달려온 거예요. 찬영이는 민수 곁으로 빠르게 걸어왔어요. 그러더니 민수 손을 냅다 잡아끌며 소리쳤어요.

"민수야, 달려!"

찬영이가 죽어라 내달리기 시작했어요. 찬영이 손에 잡힌 민수도 정신없이 달렸지요. 그 뒤를 송이도 따라 달렸어요.

"쟤들 잡아!"

형들의 고함 소리가 점점 멀어지고 있었어요. 대신 민수의 귓가로 조금 전에 들었던 송이 말이 자꾸 들려오는 것 같았어요.

"우리 반 친구거든요! 우리 반 친구, 우리 반…… 친구……."

인문철학 왕 되기

학교를 안 다니면 어떨까?

우리가 왜 학교에 가는지를 생각해 보아요.

 너희는 민수처럼 학교 안 가고 싶은 날 없었니?

 하하, 전 매일 그래요.

 가기 싫다고 안 가고, 가고 싶다고 가면 학교가 존재할까요?

 뭉치 너는 꼬박꼬박 학교 오잖아.

 맞아요. 우리 다 가기 싫어도 가요. 학교에 다니기로 약속한 거잖아요. 학생으로서요.

 그게 혹시 규칙일까?

 이런 규칙을 알게 되고 지키는 것을 배우는 것도 학교 같아요.

 학교에서는 정말 여러 가지를 배우는구나!

소쌤의 창의특강

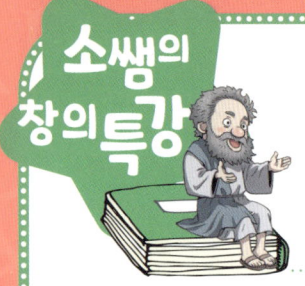

학교를 다니지 못한 안데르센

학교라는 말은 그리스어 어원 schoie에서 왔어. 뜻은 재밌게도 여가나 오락이야. 당시 학교는 상류층에서 여유롭게 즐기는 교육이었어. 하지만 지금 우리는 매일 아침 학교에 가. 그런데 학교에 다니지 않는다면 어떤 마음일까? 안데르센의 이야기를 들어 보자.

덴마크 동화 작가 안데르센은 동화의 아버지라 불릴 만큼 어린이들이 좋아하는 동화를 많이 썼어요. 그는 어릴 때 어떤 학교를 다니며 어떤 교육을 받았을까요?

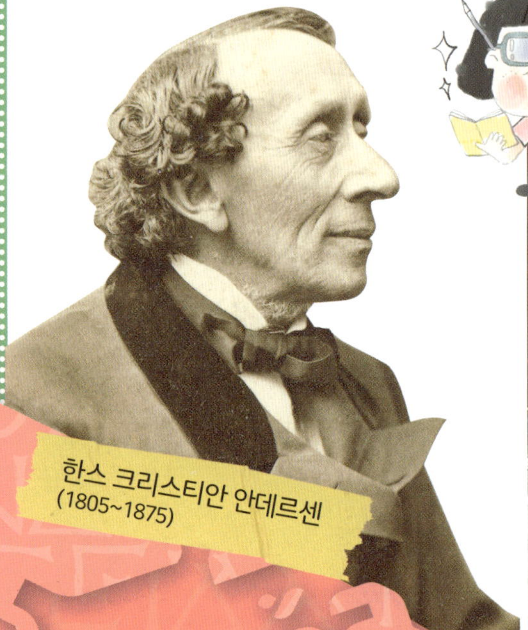

한스 크리스티안 안데르센
(1805~1875)

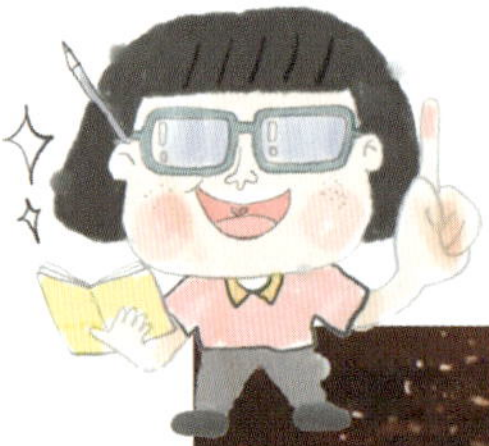

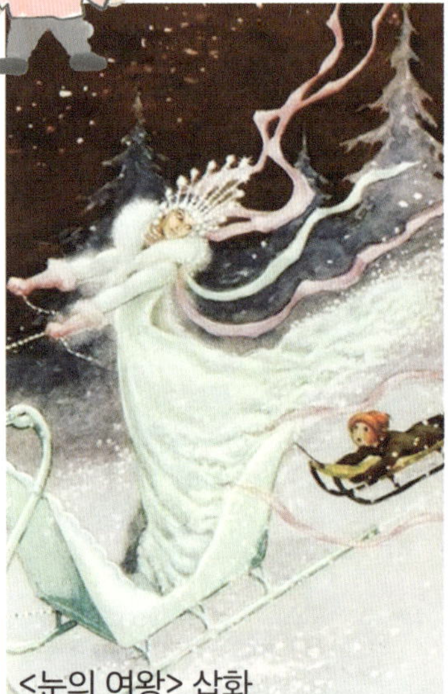

<눈의 여왕> 삽화

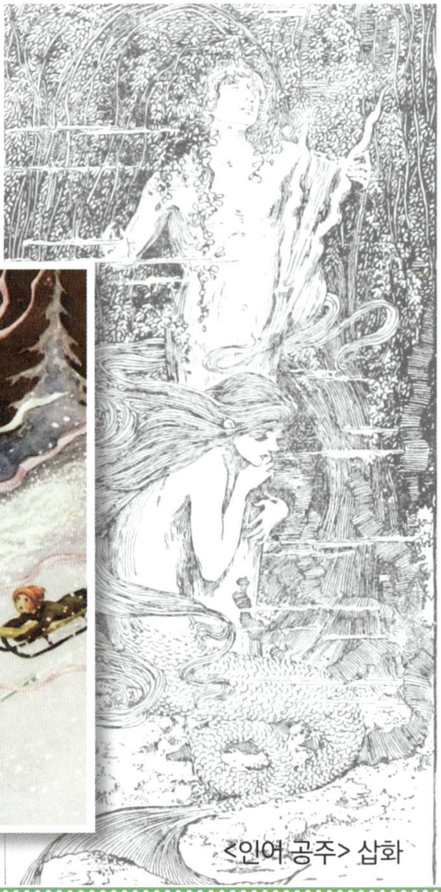

<인어 공주> 삽화

〈성냥팔이 소녀〉 삽화

안데르센은 구두 수선공의 아들로 태어났어요. 어머니는 마을의 빨랫감을 세탁하는 일을 했어요. 안데르센은 부모님이 아무리 열심히 일을 해도 너무나 가난해서 학교에 다닐 수 없었어요. 심지어 11살이 되던 해 아버지가 돌아가시자, 집은 말로 표현할 수 없을 만큼 어려웠답니다. 안데르센은 학교에 다니는 다른 아이들이 너무나 부러웠어요.

"나도 학교에 다닐 수 있다면……."

안데르센은 뒤늦게 그렇게 바라던 학교에 다닐 수 있었는데, 그때 나이는 동급생보다 6살이나 더 많은 17살이었답니다.

안데르센은 꿈을 포기하지 않고 노력하여 뒤늦게 학교를 다니게 되었어요. 그렇기에 누구보다 열심히 공부했고, 오래도록 아이들 가슴에 남는 동화를 쓸 수 있었답니다.

 # 다시 학교로!

"헉! 헉!"
민수는 거친 숨을 몰아쉬었어요.
"헉, 헉! 여기라면 안전해."
"그래. 이제 형들이 안 보여."
송이와 찬영이도 미소를 지었어요. 형들을 따돌리기에 성공을 한 거예요.
"내일 학교 가면 꼭 선생님께 말해서 그 형들 혼내 주라고 할 거야."
송이는 다부지게 주먹을 쥐었어요. 그러더니 민수를 보며 말했어요.
"민수야, 괜찮아?"

찬영이도 걱정스레 민수를 살폈지요.

"어디 다친 데 없어? 근데 왜 학교 안 오는 거야?"

"뭐, 그냥……."

민수는 뒷말을 얼버무렸어요. 학교가 싫어서, 너희들이 싫어서 그렇다고 말할 수는 없으니까요.

"민수야, 다시 학교 오면 안 돼? 너 안 오니까 난 혼자 앉아야 해. 외롭단 말야."

송이의 말에 민수는 얼굴이 빨개졌지요.

"뭐? 내가 없어서 외, 외롭다고?"

"응. 다른 애들도 너 많이 찾아. 수학 문제 모르는 것도 많은데 너 없어서 물어볼 사람 없다고. 너 빨리 왔으면 좋겠대."

민수의 두 눈이 반짝 빛났어요.

"정말? 뭘 모르는데? 내가 다 알려 줄 수 있는데."

갑자기 공부에 대한 의욕이 활활 타오르는 것 같았지요.

그러자 찬영이가 입술을 삐죽거렸어요.

"수학 문제라면 내가 더 잘 가르쳐 줄 수 있어. 근데 왜 애들이 나한테는 안 물어보는 거지?"

민수는 피식 웃음을 날렸어요.

"그야, 넌 설명을 너무 어렵게 하잖아."

송이도 민수 편을 들었어요.

"맞아. 설명은 민수가 정말 쉽게 잘 해 주거든. 민수야, 그러니까 이제 학교 나와라, 응?"

송이 말을 듣자 민수도 마음이 흔들렸어요.

하지만 쉽게 그러겠다고 할 순 없지 뭐예요.

'엄마한테 큰 소리 뻥뻥 치며 학교를 나왔는데……. 이대로 다시

갈 수는 없잖아.'

머뭇거리는 민수 맘을 알기라도 하듯 송이가 말했어요.

"내일은 조별로 연극 연습도 해. 민수야, 넌 우리 조야. 그러니까 내일은 꼭 학교에 와라. 응?"

연극이란 말에 민수는 귀가 솔깃했지요.

"학교에서 연극을 한다고?"

며칠을 혼자서 생활하고 공부하다 보니 친구들과 함께 만드는 연극 이야기만으로도 흥미진진해진 거예요.

"그럼 극본도 쓰고, 배역도 정하겠네?"

"그렇지. 우리 조는 내가 극본을 쓰기로 했어."

찬영이도 기대에 찬 목소리였어요.

"우리 조는 벌써 배역도 정했어. 내가 주인공 하기로 했거든."

"아휴, 또 잘난 척!"

민수는 찬영이를 흘겨보며 말했지요.

송이가 갑자기 가방에서 노트를 꺼냈어요. 극본 노트인 거 같았어요.

"내가 쓸 극본은 소똥으로 집 짓는 이야기야. 진짜 재밌겠지?"

"소, 소똥?"

소똥이란 말에 민수는 인상을 쓰고 말았어요. 연극에서까지 '소똥' 소리를 듣게 될 줄은 몰랐거든요. 그런데 송이의 이야기를 듣다가 민수는 새로운 사실을 알게 되었어요.
　송이는 에너지 박사가 되는 게 꿈이래요. 자연 친화적인 에너지를 연구해서 지구 환경을 지킬 거라지 뭐예요.
　"내가 방귀병을 만든 것도 에너지를 만들기 위해서야. 방귀를 모으면 불을 붙일 수 있거든. 그럼 에너지로 사용할 수 있을 거 아

냐. 그걸 실험해 보고 싶어."

에너지 이야기를 하는 송이의 눈은 밤하늘 별처럼 반짝반짝 빛이 났어요.

송이는 학교 공부가 너무 재밌다지 뭐예요.

"에너지에 관심을 가진 뒤로 궁금한 게 많아졌어. 그래서 과학이며 수학이며 다 궁금하고 재미있어."

송이 이야기를 듣다 보니 민수도 어쩐지 모든 게 재미있게 느껴졌어요.

'송이가 원래 이렇게 재미있는 아이였나?'

송이를 빤히 보던 찬영이가 고개를 갸웃하며 말했어요.

"난 가끔 송이가 나보다 훨씬 똑똑한 거 같다는 생각을 해. 혹시 천재가 아닐까?"

사실 민수도 같은 마음이었어요.

'정답이 딱 떨어지는 문제에 100점을 맞는 나보다 어쩜 송이가 더 똑똑한 건 아닐까?'

순간 송이가 웃음을 터트렸지요.

"무슨 소리야? 너랑 민수가 똑똑하지. 너흰 늘 100점이잖아. 난……."

찬영이는 송이의 말을 툭 끊으며 소리쳤어요.

"으으! 이게 바로 우리나라 교육의 문제점이야! 점수로만 판단하잖아. 사실은 창의력, 응용력 같은 게 더 중요한데 말이야. 점수가 무슨 상관이야? 난 지금 네 창의적인 생각을 말하고 있는 거라고!"

민수는 찬영이에게 소리쳤어요.

"아휴! 또 잘난 척! 그런 어려운 말 쓰면 멋져 보이냐?"

"나야 늘 멋지지. 이번 연극에서도 멋지게 주인공을 해낼 거거든. 기대해. 민수야, 그러니까 너 꼭 내일 학교 와라. 기다릴 거야."

"그래. 네가 꼭 학교로 돌아오면 좋겠어."

송이도 민수를 설득했어요.

"내가 쓴 극본으로 연극도 같이 하자. 내가 너 주인공으로 추천할게."

"정말? 어떤 역할이야? 왕자님? 똑똑한 박사님?"

송이는 고개를 저었어요.

"아니야. 소똥 얘기니까 당연히 소가 주인공이지. 너라면 정말 잘 어울릴 거야. 히히!"

"뭐라고?"

민수는 웃음을 터트리고 말았어요. 송이와 찬영이도 배를 잡고 웃어댔지요.

하늘로 둥둥 떠가는 구름도 웃는 것 같았어요.

민수는 구름을 보며 중얼거렸어요.

"학교로 돌아갈까? 아, 그럼 또 어떤 학교 생활이 나를 기다리고 있을까?"

에필로그

다음 날, 민수는 다시 학교로 갔어요.

전과는 달리 민수의 학교 생활은 조금은 활기차고 즐거워졌지요.

'송이는 제 꿈을 열심히 찾아가고 있어. 나도 꿈을 찾고 싶어. 난 뭘 좋아하는 걸까? 미래에 하고 싶은 건 뭘까?'

꿈을 찾겠다고 마음을 먹고 보니 평소엔 관심 없던 것들이 새롭게 보이기 시작했거든요.

'선생님이 되면 어떨까? 학교를 짓는 건축가는? 과학자가 되어 볼까? 아니면 화가?'

선생님에게도 관심이 생기고, 학교 건물도 흥미롭게 느껴졌어요. 과학 시간도 재밌고 미술 시간에도 흥이 났지요.

그렇다고 해서 모든 게 달라진 건 아니에요.

"야! 민수야, 이번 연극에선 아무래도 우리 조가 1등 할 것 같아. 주인공인 내가 너무 잘한다고 소문이 자자한 거, 너도 알지?"

오늘도 찬영이는 제 자랑이 한창이네요.

송이도 마찬가지예요.

"민수야, 너 혹시 지렁이 좋아해?"

민수는 소스라치게 놀라고 말았어요.

"지, 지렁이? 으윽! 그건 왜? 난 지렁이 싫어!"

민수가 가장 싫어하는 것 중에 하나가 지렁이거든요.

"왜? 이렇게 귀엽게 생긴 게 왜 싫어?"

세상에나! 송이가 땅바닥에서 난데없이 지렁이 한 마리를 집어 든 거예요. 송이는 지렁이를 사랑스런 눈길로 보며 말했어요.

"난 지렁이도 연구해 볼 거야. 지렁이가 지구 환경에 그렇게 큰 도움을 준대잖아. 지구 환경 지킴이야. 민수야, 내일부터 나랑 지렁이에 대해 연구해 보자. 응?"

"으아악! 난 싫다고!"

민수는 기겁을 했지요.

민수의 입에서 긴 한숨이 흘러나왔어요.

"아! 학교를 계속 다녀야 하나?"

인문철학 왕 되기

① ② ③ ④

만일 나라면?

학교에 가면 재미있는 것을 배울 수 있어요. 내가 좋아하는 것을 더 자세히 더 많이 배우는 학교도 있답니다.

학교가 다 똑같지 뭐. 배우는 것도 다 똑같고.

요즘 그렇지 않은 학교도 많단다.

맞아, 나는 요리에 관심 많아서 요리 학교에 가고 싶어.

그럼 나는 과학이 좋은데 과학을 더 많이 하는 학교도 있을까?

내가 다니고 싶은 학교

여러분이 다니고 싶은 학교는 어떤 학교인가요?
여러 학교를 둘러보고 내가 다니고 싶은 학교를 써 보세요.

다양한 문화 프로그램과 첨단 교육 시설을 갖춘 국제 교육 기관

아이들 개개인이 갖고 있는 특성과 능력을 계발하는 교육을 중시하는 발도르프학교

200만 부 판매 돌파!

AI시대 미래
토론

한국디베이트협회

서울시 교육청 추천도서

2017 세종도서 교양부문

2012 문화체육관광부 우수교양도서

과학창의재단인증 우수과학도서 2018

책나라

2016년 우수건강도서

✓ 뭉치북스가 만든 국내 최초 토론책! ✓ 초등 국어
✓ 한국디베이트협회와 교

01 함께 사는 로봇
02 원시인도 모르는 공룡
03 더 멀리 더 높이 더 빨리 스포츠 과학
04 까만 우주 속 작은 별
05 노벨도 깜짝 놀란 노벨상
06 지켜라! 멸종 위기의 동식물
07 도로리의 과학 수사대
08 살아 있는 백두산
09 콜록콜록! 오늘의 황사 뉴스
10 앗! 이런 발명가, 와! 저런 발명품
11 아침을수록 밝아지는 에너지
12 과학 Cook! 문화 Cook! 음식의 세계
13 과학을 훔친 수상한 영화관
14 끝없이 진화하는 무서운 전염병
15 지구 온난화와 탄소배출권
16 먹을까? 말까? 먹거리 X파일
17 우리 몸을 흐르는 피와 혈액형
18 진짜? 가짜? 가상현실과 증강현실
19 두근두근 신비한 우리 몸속 탐험
20 우리를 위협하는 자연재해
21 봄? 가을? 경계가 모호해지는 사계절
22 세균과 바이러스 꼼짝 마! 약과 백신
23 생태계의 파괴자? 외래 동식물
24 괄괄괄~ STOP!!! 우리나라도 위험해요, 소중한 물
25 오늘도 나쁨! 작아서 더 무서운 미세먼지
26 식량 위기에서 인류를 구할 미래 식량
27 썩지 않는 플라스틱! 지구와 인간을 병들게 하는 환경 호르몬
28 나와 똑같은 또 다른 나, 인간 복제
29 미래의 디지털 첨단 의료
30 땅속 보물을 찾아라! 지하자원과 희토류
31 농사일부터 우주 탐사까지, 미래는 드론 시대
32 알쏭달쏭 미지의 세계, 뇌
33 얼마나 작아질까? 어디까지 발달할까? 나노 기술과 첨단 세계
34 찾아라! 생명체가 살 수 있는 또 다른 별, 제2의 지구
35 배울수록 더 강해지는 인공 지능
36 창조론이냐? 진화론이냐? 다윈이 들려주는 진짜진짜 진화론
37 모두모두 소중한 생명! 멈춰요 동물 실험
38 유해할까? 유용할까? 생활 속 화학 물질
39 46억 년의 비밀, 생명을 살리는 지구
40 과학자가 가져야 할 덕목, 과학자 윤리와 책임

뭉치수학왕

수학이 쉬워지고, 명작보다 재미있는

100만 부 판매 돌파!

+

"인공지능(AI) 시대의 힘은 수학에서 나온다!"

개념 수학

〈수와 연산〉
1. 양치기 소년은 연산을 못한대
2. 견우와 직녀가 분수 때문에 싸웠대
3. 가우스, 동화 나라의 사라진 0을 찾아라
4. 가우스는 소수 대결로 마녀들을 물리쳤어
5. 앨런, 분수와 소수로 악당 히들러를 쫓아내라
6. 약수와 배수로 유령 선장을 이긴 15소년

〈도형〉
7. 헨젤과 그레텔은 도형이 너무 어려워
8. 오일러와 피노키오는 도형 춤 대회 1등을 했어
9. 오일러, 오즈의 입체도형 마법사를 찾아라
10. 유클리드, 플라톤의 진리를 찾아 도형 왕국을 구하라
11. 입체도형으로 수학왕이 된 앨리스

〈측정〉
12. 쉿! 신데렐라는 시계를 못 본대

13. 알쏭달쏭 알라딘은 단위가 헷갈려
14. 아르키메데스 어림하기로 걸리버 아저씨를 구했어
15. 원주율로 떠나는 오디세우스의 수학 모험

〈규칙성〉
16. 떡장수 할머니와 호랑이는 구구단을 몰라
17. 페르마, 수리수리 규칙을 찾아라
18. 피보나치, 수를 배열해 비밀의 방을 탈출하라
19. 비례배분으로 보물섬을 발견한 해적 실버

〈자료와 가능성〉
20. 아기 염소는 경우의 수로 늑대를 이겼어
21. 파스칼은 통계 정리로 나쁜 왕을 혼내 줬어
22. 로미오와 줄리엣이 첫눈에 반할 확률은?

〈문장제〉
23. 개념 수학-백점 맞는 수학 문장제①
24. 개념 수학-백점 맞는 수학 문장제②
25. 개념 수학-백점 맞는 수학 문장제③

융합 수학
26. 쌍둥이 건물 속 대칭축을 찾아라(건축)
27. 열차와 배에서 배수와 약수를 찾아라(교통)
28. 스포츠 속 황금 각도를 찾아라(스포츠)
29. 옷과 음식에도 단위의 비밀이 있다고?(음식과 패션)
30. 꽃잎의 개수에 담긴 수열의 비밀(자연)

창의 사고 수학
31. 퍼즐탐정 셜렁홈즈①-외계인 스콜피오스의 음모
32. 퍼즐탐정 셜렁홈즈②-315일간의 우주여행
33. 퍼즐탐정 셜렁홈즈③-뒤죽박죽 백설 공주 구출 작전
34. 퍼즐탐정 셜렁홈즈④-'지지리 마란드리' 방학 숙제 대작전
35. 퍼즐탐정 셜렁홈즈⑤-수학자 '더하길 모테'와 한판 승부

36. 퍼즐탐정 셜렁홈즈⑥-설국언자 기관사 '어러도 달리능기라'
37. 퍼즐탐정 셜렁홈즈⑦-해설 및 정답

수학 개념 사전
38. 수학 개념 사전①-수와 연산
39. 수학 개념 사전②-도형
40. 수학 개념 사전③-측정·규칙성·자료와 가능성

독후 활동지

본책 40권+독후 활동지 7권
정가 580,000원